나의 꽃은
가깝고 낯설다

My Flowers are
Near and Foreign

일러두기

- 에밀리 디킨슨의 시에는 원래 제목이 없어서 차례에는 시의 첫 행으로 제목을 대신했다.

- 한 페이지가 넘어가는 긴 시들의 페이지 분량과 위치는 하단 쪽수 위에 표시해두었다.

* 우리말은 물론 영어의 일상 어법에서도 낯선 대시나 따옴표와 같은 문장 부호들도 가능한 한 모두 살렸다. 원문의 대문자 사용은 번역에 반영하지 않았다.

- 본문에는 번역과 함께 원문 시를 함께 실었다. 디킨슨의 필사 원고를 텍스트로 번역했기 때문에 20세기에 출간된 디킨슨 전집들에 기반한 다른 번역들과 시의 구성이나 내용이 다를 수 있다. 이 책에 실린 시의 원문 텍스트는 에밀리 디킨슨 아카이브에 올라와 있는 시인의 필사 원고를 읽으며 번역자가 기획하고 선택하여 편집하였다. 가능한 한 시인의 단어 선택, 시행 구분, 연 구조를 그대로 반영하여 원문 텍스트를 구성하고, 이를 바탕으로 번역했다.

- 우리말 각주는 번역자의 것이며, 영문 각주는 시인이 필사노트 원고의 해당 시행 옆에 작은 글씨로 적어놓은 구절이다.

온라인 자료
Emily Dickinson Archives (http://www.edickinson.org)
Wikisource (https://en.wikisource.org/wiki/Author:Emily_Dickinson)
Gutenberg Project (https://www.gutenberg.org/files/12242/12242-h/12242-h.htm)

표지 이미지
표지 사진: 김재원
꽃: 식물상점

나의 꽃은
가깝고 낯설다

에밀리 디킨슨
박혜란 고르고 옮김

My Flowers are
Near and Foreign

Emily Dickinson

파시쿠

My flowers are near and foreign and I have but to cross the flora to stand in the Spice Isles. The Wind blows gay today and the Jays bark like Blue Terriers. I tell you what I see. The Landscape of the Spirit requires a Lung, but no Tongue. I tell you few I love, till my heart is red as Febuary and purple as March.

From an Emily Dickinson's letter to Elizabeth Holland

나의 꽃은 가깝고 낯설다. 그저 꽃밭을 가로지르기만
하면 방향의 섬에 머물 수 있다. 바람은 오늘 경쾌하고
어치는 블루테리어처럼 짖는다. 내가 본 대로 들려줄게.
영혼의 풍경에는 허파가 필요할 뿐 혀는 없으니. 내 마음이
이월처럼 붉고 삼월처럼 보랏빛일 때까지 몇 안되는
내가 사랑하는 것들을 네게 들려줄게.

에밀리 디킨슨이 엘리자베스 홀랜드에게 보낸 편지 중에서

차례

아담, 사과를 내려놓아요
Put down the Apple, Adam

혹시 정원이 나를 정복할까봐	13
나는 내가 홀린 줄 알았다	15
"sic transit gloria mundi"	19
그가 값진 언어를 먹고 마시더니	27
그것은 그의 일생을 건 싸움이었다	29
마지막으로 우리를 바래다줄 이는 실험이다	31
나의 전쟁은 따로 책 속에서 벌어졌다	33
그녀를 보는 자체가 그림	35
우리는 우연히 만나	37

내 정원에서 새 한 마리 외바퀴 타고 있을 때
Within my Garden, rides a Bird Opon a single Wheel

그대를 위해 나의 꽃을 키우고 있다	41
내 정원에서 새 한 마리 외바퀴 타고 있을 때	45
다이아몬드가 전설이고 왕관이 이야기라면	47
풍경의 각도	49
나의 나라와 다른 이들 사이에	51

결국 여름이 될 것이다
It will be Summer eventually

결국 여름이 될 것이다	55
아침은 이슬의 자리	57
어리석은 이들이 이것을 "꽃"이라 부른다면	59
피그미 천사들이 길을 잃었다	61
울타리 너머 딸기가 자란다	63
여름은 그녀의 소박한 모자를	65
여름이면 저 측은한 새들보다 풀밭에서 더 멀리	67
내가 아는 한 장소에서 여름이 애쓰며	69

우리 모두에게 닿으면 안되는 미다스가 만진 것들 중 하나
One of the ones that Midas touched Who failed to touch us all

박람회에서 온 어떤 무지개인가!	73
시야에서 사라졌어? 그게 뭘까?	77
모든 새들을 조사하여 제쳐두고	79
봄에 유독 심한 통증이 있다	81
우리는 삼월이 좋다	83
기억해보니, 내게 희망이 있었을 때	85
우리 모두에게 닿으면 안되는 미다스가 만진 것들	89
티끌이 유일한 비밀이다	93
벌들은 까맣고 도금한 띠를 둘렀다	95
정말 "아침"은 올까?	97

그 보라색 민주주의자
The Purple Democrat

버섯은 식물들의 요정	101
붉은 여인 언덕 한복판에서	103
벌들이 더 좋아하는 꽃이 하나 있어	105
붉게 타오르는 그녀의 모자	109
바람은 과수원에서 불어오지 않았다	111
풀은 할 일이 거의 없다	113
사과나무 위로 한 방울 떨어졌다	115
그녀가 나무 밑에서 잠들었는데	119

우엉이 내 옷자락을 잡아당겼다
A Burdock twitched my gown

그것의 이름은 "가을"	123
여름은 두 번 시작한다	125
내 몫의 황량함에서	127
지금은 새들이 돌아올 때	129
가을이 아니어도 시인들이 노래하는 산문스러운 몇몇 날들	131
신께서 작은 용담을 만드셨지	133
우엉이 내 옷자락을 잡아당겼다	135
저렇게 작은 꽃을 성가시게 하면 안 된다	137

수탉 씨에게 죽음은 무슨 상관일까
What care the Dead for Chanticleer

수탉 씨에게 죽음은 무슨 상관일까 141
마치 어떤 작은 북극 꽃이 145

이제, 그만 묻혀 있으라
Sepulture is O'er

새로운 발들이 내 정원으로 간다 149
내가 바로 작고 "편한 마음"! 151
봄에만 존재하는 빛 하나 153
이 작은 꽃밭은 누구 거야 155
민들레의 가녀린 대롱에 풀들이 놀라고 159

번역 후기 160

시 원문 찾아보기 166

Put down the Apple, Adam

아담, 사과를 내려놓아요

I hav'nt told my garden yet —
Lest that should conquer me.
I hav'nt quite the strength now
To break it to the Bee —

I will not name it in the street
For shops w'd stare at me —
That one so shy — so ignorant
Should have the face to die.

The hillsides must not know it —
Where I have rambled so —
Nor tell the loving forests
The day that I shall go —

Nor lisp it at the table —
Nor heedleesheedless by the way
Hint that within the Riddle
One will walk today —

혹시 정원이 나를 정복할까봐 ―
나는 아직 정원과 얘기해본 적 없다
이에 대해 벌에게 털어놓을
힘이 지금 내게 별로 없다 ―

나를 바라보곤 했던 상점들을 위해 ―
나는 거리에서 그 이름을 부르지 않을 것이다
혹시 매우 수줍고 ― 매우 무지한 저이의
얼굴이 죽어버릴까봐

내가 그렇게 배회해왔던 ―
비탈은 그것을 알아서는 안 된다 ―
사랑하는 숲에게
내가 갈 날을 알려서도 안 된다 ―

테이블에서 그 얘기를 웅얼대서도 안 된다 ―
그렇다고 무심하게
수수께끼로 힌트를 주어도 안 된다
어떤 이가 오늘 산책할 것이다 ―

I think I was enchanted
When first a sombre Girl —
I read that Foreign Lady —
The Dark — felt beautiful —

And whether it was noon at night —
Or only Heaven — at Noon —
For very Lunacy of Light
I had not power to tell —

The Bees — became as Butterflies —
The Butterflies — as Swans —
Approached — and spurned the narrow Grass —
And just the meanest Tunes

That Nature murmured to herself
To keep herself in Cheer —
I took for Giants — practising
Titanic Opera —

The Days — to Mighty Metres slept —
The Homeliest — adorned
As if unto a Jubilee
'Twere suddenly Confirmed —

나는 내가 홀린 줄 알았다
암울한 소녀였을 때 처음 —
먼 나라 숙녀 이야기를 읽었다 —
어둠이 — 아름답다 생각했다 —

그때가 밤이었는지 —
아니면 정오의 — 천국이었을 뿐인지 —
바로 빛의 광기 때문에
내게는 이야기할 기운이 없었다 —

벌들은 — 나비가 되었고 —
나비들은 — 백조가 되었지 —
다가와서는 — 좁다란 풀밭을 튀어다녔어 —
그리고 그저 아주 형편없는 곡조로

자연은 혼자 속삭이며
저 혼자 신났는데 —
타이탄의 오페라를 —
연습하는 거인인 줄 알았다 —

낮은 — 힘찬 운율을 들으며 잠들고 —
아주 소박하게 — 치장한 모습이
마치 갑자기 확정된
축제에 맞춘 듯 —

I could not have defined the change —
Conversion of the Mind
Like Sanctifying in the Soul —
Is Witnessed — not Explained —

'Twas a Divine Insanity —
The Danger to be sane
Should I again experience —
'Tis Antidote to turn —

To Tomes of solid Witchcraft —
Magicians be asleep —
But Magic — hath an Element —
Like Deity — to keep —

내가 이 변화를 밝혀내지 못했나 보다 —
영혼의 축성祝聖과도 같은 —
마음의 개종은
입증돼도 — 설명은 못 한다 —

그것은 신성했어도 제정신이 아니었다 —
제정신이면 위험했지
다시 경험할 수 있다면 —
그건 돌아올 수 있는 해독제 —

확고한 마녀 마법의 두툼한 책 —
마법사는 잠들었지만 —
마법에 — 담긴 한 가지 원리가
마치 간직해야 할 — 신성 같다 —

"sic transit gloria mundi,"
"How doth the busy bee,"
"Dum vivimus vivamus,"
I stay mine enemy! —

Oh "veni, vidi, vici!"
Oh caput cap-a-pie!
And oh "memento mori"
When I am far from thee!

Hurrah for Peter Parley!
Hurrrah for Daniel Boone!
Three cheers, sir, for the gentleman
Who first observed the moon!

Peter, put up the sunshine;
Pattie, arrange the stars;
Tell Luna, tea is waiting,
And call your brother Mars!

Put down the apple, Adam,
And come away with me,
So shalt thou have a pippin
From off my father's tree!

"sic transit gloria mundi,"**1**
"바쁜 벌은 잘 지내는가"
"Dum vivimus vivamus,"**2**
내게 나의 적은 여전히 나! ―

오 "veni, vidi, vici!"**3**
오, 머리 cap-a-pie! **4**
그리고 오 "memento mori"**5**
그때 나는 그대에게 멀리 떨어져 있으리!

피터 팔리를 위해 오 예!
대니얼 분을 위해 오 예!
최초로 달을 관측하신
세 신사 분을 위해 만세 삼창!

피터, 햇살을 올리세요
패티, 별들을 정리해줘요
차가 준비되었다고 루나에게 말해줘요
그리고 당신의 오빠 마르스도 불러요!

아담, 사과를 내려놔요
나와 같이 떠나요
그리고 내 아버지 나무에서
사과 하나 따서 가져요!

I climb the "Hill of Science,"
I "view the landscape o'er;"
Such transcendental prospect,
I ne'er beheld before! —

Unto the Legislature
My country bids me go;
I'll take my india rubbers,
In case the wind should blow!

During my education,
It was announced to me
That gravitation, stumbling
Fell from an apple tree!

The earth opon an axis
Was once supposed to turn,
By way of a gymnastic
In honor of the sun!

It was the brave Columbus,
A sailing o'er the tide,
Who notified the nations
Of where I would reside!

나는 "과학의 언덕"에 올라
나는 "멀리 풍경을 바라본다"
이런 초월의 전경을
전에는 전혀 본 적 없다!

입법기관으로
나의 나라가 내게 가라 명한다
나는 나의 인도 고무를 가져갈 것이다
혹시 바람이 불 수도 있으니!

수업 중에
내가 알게되었는데
중력 때문에 고꾸라지며
사과나무에서 떨어진단다!

지구가 지축을 중심으로
태양에 경의를 표하며
운동하며 돈다고
생각한 적 있었다!

파도를 넘어 항해한 이는
용감한 콜럼버스,
내가 살게 될
국가를 알아봤다!

Mortality is fatal —
Gentility is fine
Rascality, heroic,
Insolvency, sublime

Our Fathers being weary,
Laid down on Bunker Hill;
And tho' full many a morning,
Yet they are sleeping still, —

The trumpet, sir, shall wake them,
In dreams I see them rise,
Each with a solemn musket
A marching to the skies!

A coward will remain, Sir,
Until the fight is done;
But an immortal hero
Will take his hat, and run!

Good bye Sir, I am going;
My country calleth me;
Allow me, Sir, at parting,
To wipe my weeping e'e.

사람의 운명이란 치명적 ―
신사는 멋지고
악당은 영웅적이고
파산은 숭고하다

지친 우리 아버지들은
수많은 아침을 계속
벙커힐에 누워 있었으면서도
여전히 주무신다 ―

트럼펫으로 이들을 깨우셔야 합니다
꿈에서 보니 이들이 일어나네요
저마다 묵직한 소총을 들고
행진하여 하늘로 가네요!

비겁하게 남아 있으면
싸움이 끝나겠지요
하지만 불멸의 영웅은
모자를 고쳐 쓰고 달릴 겁니다!

안녕히 계십쇼 저는 갑니다
나의 나라가 나를 부릅니다
제가 떠날 때 흐느끼는 내 눈물을
닦을 수 있도록 허락하십쇼

1 [라틴어] 이 세상의 영화(榮華)는 이처럼 사라져간다.
2 [라틴어] 살아있는 동안 충실히 살기를
3 [라틴어] 왔노라, 보았노라, 이겼노라
4 [프랑스어] cap-à-pie 머리부터 발끝까지
5 [라틴어] 그대도 죽으리라는 것을 기억하라

He ate and
drank the
precious Words —
His Spirit grew
robust —
He knew no more
that he was poor,
Nor that his
frame was
Dust —
He danced
along the dingy
Days
And this Bequest
of Wings
Was but a Book —
What Liberty
A loosened Spirit
brings —

그가 값진 언어를 ―
먹고
마시더니
정신이
튼튼해졌다 ―
자신이 가난하다는 것 정도만
기껏해야 알고 있었고
자신의 액자는
먼지에
불과하다는 것도 ―
우중충한
날에
춤을 췄고
날개가 준
이 유산은
오직 책 한 권 ―
느긋한 정신이
가져다준
이런 자유 ―

'Twas fighting
for his Life he
was —
That sort
accomplish well —
The Ordnance of
Vitality
Is frugal of
its Ball.

It aims once —
kills once — conquers
once —
There is no
second War
In that Campaign
inscrutable
Of the Interior.

그것은
그의 일생을 건
싸움이었다 —
잘 수행한
편이다 —
활력 넘치는
대포가
그 포탄을
절약한다

단번에 조준하고 —
단번에 죽이고 — 단번에
정복한다 —
내면의
불가해한
군사 작전에
이차전은
없다

Experiment escorts us last —

His pungent company

Will not allow an Axiom

An Opportunity —

마지막으로 우리를 바래다줄 이는 실험이다 ―
그의 신랄한 동료들은
격언 하나 허용하지 않을 것이다
기회 하나조차 ―

My Wars are laid away in Books —

I have one Battle more —

A Foe whom I have never seen

But oft has scanned me o'er —

And hesitated me between

And others at my side,

But chose the best — Neglecting me — till

All the rest, have died —

How sweet if I am not forgot

By Chums that passed away —

Since Playmates at threescore and ten

Are such a scarcity —

나의 전쟁은 따로 책 속에서 벌어졌다 ―
전투가 한 번 더 있다 ―
한 번도 본 적 없지만
종종 나를 탐색해온 적이었다 ―
나와 그 사이에서 머뭇거리다
내 편이 된 이들도 있지만
내가 선택한 적임자는 ― 나를 외면하던 이였다 ―
남은 이들이 모두 사망했다 ―
세상을 떠난 나의 단짝들에게
내가 잊히지 않는다면 얼마나 행복할까 ―
예순하고도 열 살이 더 많을 때 친구는
너무 드물 테니까 ―

To see her is a Picture —
To hear her is a Tune —
To know her an Intemperance
As innocent as June —

To know her not — Affliction —
To own her for a Friend
A warmth as near as if the Sun
Were shining in your Hand.

그녀를 보는 자체가 그림 ―
그녀를 듣는 자체가 선율 ―
그녀를 알기 위한 무절제는
유월처럼 순수해 ―

그녀를 모르는 것은 ― 고통 ―
그녀와 친구가 된다면
마치 태양이 손 안에서 빛나는 듯
가까이 곁이 되는 온기

Meeting by Accident,

We hovered by design —

As often as a Century

An error so divine

Is ratified by Destiny,

But Destiny is old

And economical of Bliss

As Midas is of Gold —

우리는 우연히 만나
계획적으로 배회했다 —
백 년에 한 번 정도 봤다
아주 신성한 실수라면
운명으로 합리화하겠지만
운명은 늙었고
행복에 인색하니
마이다스가 황금을 대하듯 하다 —

Within my Garden, rides a Bird Opon a single Wheel

새 한 마리 외바퀴 타고 있을 때

내 정원에서

I tend my flowers for thee —
Bright Absentee!
My Fuchsia's Coral Seams
Rip — while the Sower — dreams

Geraniums — tint — and spot —
Low Daisies — dot —
My Cactus — splits her Beard
To show her throat —

Carnations — tip their spice —
And Bees — pick up —
A Hyacinth — I hid —
Puts out a Ruffled Head —
And odors fall
From flasks — so small —
You marvel how they held —

Globe Roses — break their satin flake —
Upon my Garden floor
Yet — thou — not there —
I had as lief they bore
No Crimson — more —

그대를 위해 나의 꽃을 키우고 있다 —
눈부시게 부재한 이여!
내 푸크시아의 산호색 봉제선이
틀어질 때 — 씨 뿌리는 이는 꿈꾸고 있다 —

제라늄 — 엷은 색에 — 진한 무늬 —
나지막한 데이지들 — 점점이 —
나의 선인장 — 그녀의 수염을 가르며
그녀의 목구멍 속을 보여준다 —

카네이션이 — 향신료를 떨구면 —
벌들이 — 집어 들고 —
내가 숨겨둔 — 히야신스 —
주름 잡힌 머리를 내밀고 —
아주 작은 — 플라스크로부터 —
향기가 떨어진다
이들이 품은 모습에 너는 감탄한다 —

글로브 로즈들 — 자신의 공단 조각을 부수고 —
나의 정원 바닥에 떨어졌다 —
그런데도 — 너는 — 거기 없어서
나에게는 그들이 기꺼이 맺은
진홍색도 — 더는 없었다 —

Thy flower — be gay —

Her Lord — away!

It ill becometh me —

I'll dwell in Calyx — Gray —

How modestly — alway —

Thy Daisy —

Draped for thee!

그대의 꽃은 — 유쾌할 것이다 —
그녀의 군주가 — 떠났다!
그것은 나와 어울리지 않는구나 —
나의 거처가 될 꽃받침은 — 회색 —
항상 — 그렇게 얌전히 —
그대의 데이지는 —
그대를 위해 옷을 차려입었구나!

Within my Garden, rides a Bird
Opon a single Wheel —
Whose spokes a dizzy music make
As 'twere a travelling Mill —

He never stops, but slackens
Above the Ripest Rose —
Partakes without alighting
And praises as he goes,

Till every spice is tasted —
And then his Fairy Gig
Reels in remoter atmospheres —
And I rejoin my Dog,

And He and I, perplex us
If positive, 'twere we —
Or bore the Garden in the Brain
This Curiosity —

But He, the best Logician,
Refers my duller — clumsy eye —
To just vibrating Blossoms!
An exquisite Reply!

내 정원에서 새 한 마리
외바퀴 타고 있을 때 —
바퀴살들 졸린 음악을 연주하니
마치 이동식 제분소 같구나 —

절대 멈출 줄 모르는 그는
다만 만개한 장미 위에 살포시 —
그대로 앉은 채 먹고 마시며
찬양하며 계속 여행하며

온갖 향신료를 다 맛본다 —
그때 그의 요정 마차가
저 아득한 공중에서 덜컹이며 움직이면 —
나는 다시 나의 개와 동행한다

그와 나로 인해 우리는 혼란스럽고
만일 우리가 맞다면 —
아니 머리 속에 정원을 품는다면
하는 그런 호기심 —

하지만 그는 최고의 논리학자
나의 침침하고 — 서툰 눈에게 —
그저 떨리는 꽃송이들을 말한다!
절묘한 내답이다!

When Diamonds are a Legend,
And Diadems — a Tale —
I Brooch and Earrings for Myself,
Do sow, and Raise for sale —

And tho' I'm scarce accounted,
My Art, a Summer Day — had Patrons —
Once — it was a Queen —
And once — a Butterfly —

다이아몬드가 전설이고
왕관이 ― 이야기라면 ―
나는 내게 줄 브로치와 귀걸이를
파종하고 키워 내다 판다 ―

비록 설명 한 번 제대로 못하지만
나의 예술, 여름날은 ― 후원자들이 있으니 ―
한 번은 ― 여왕이셨고 ―
또 한 번은 ― 나비였지 ―

The Angle of a Landscape —

That every time I wake —

Between my Curtain and the Wall

Opon an ample Crack —

Like a Venetian — waiting —

Accosts my open eye —

Is just a Bough of Apples —

Held slanting, in the Sky —

The Pattern of a Chimney —

The Forehead of a Hill —

Sometimes — a Vane's Forefinger —

But that's — Occasional —

The Seasons — shift — my Picture —

Opon my Emerald Bough,

I wake — to find no — Emeralds

Then — Diamonds — which the Snow

From Polar Caskets — fetched me —

The Chimney — and the Hill —

And just the Steeple's finger —

These — never stir at all —

풍경의 각도 —
내가 일어날 때마다 —
나의 커튼과 벽 사이
광대한 균열 위로 —
베네치아 양식인 듯 — 기다리며 —
눈을 뜨면 다가와 말을 건다 —
그저 사과나무 가지 —
하늘에 비스듬히 걸린 채 —
굴뚝 패턴 —
언덕의 이마 —
가끔은 — 바람개비의 집게손가락 —
하지만 그것은 — 우연 —
나의 에메랄드 가지 위로
계절마다 — 내 그림은 — 바뀌지만
일어나보니 에메랄드는 전혀 없고
대신 — 다이아몬드들을 — 눈이
북극의 작은 상자에서 — 내게 가져다주었다 —
굴뚝과 — 언덕 —
그리고 뾰족탑의 손가락 —
이들을 — 전혀 흔들지 못한다 —

Between My Country — and the Others —

There is a Sea —

But Flowers — negotiate between us —

As Ministry.

나의 나라와 — 다른 이들 사이에 —
바다가 하나 있지만 —
꽃들이 — 우리 사이에서 중재하는 —
직무를 다한다

It will be Summer eventually

곧 여름이 될 것이다
산문

It will be Summer — eventually.
Ladies — with parasols —
Sauntering Gentlemen — with Canes —
And little Girls — with Dolls —

Will tint the pallid landscape —
As 'twere a bright Bouquet —
Tho' drifted deep, in Parian —
The Village lies — today —

The Lilacs — bending many a year —
Will sway with purple load —
The Bees — will not despise the tune —
Their Forefathers — have hummed —

The Wild Rose — redden in the Bog —
The aster — on the Hill
Her everlasting fashion — set —
And Covenant Gentians — frill —

Till Summer folds her miracle —
As Women — do — their Gown —
Or Priests — adjust the Symbols —
When Sacrament — is done —

결국 ― 여름이 될 것이다
양산을 든 ― 숙녀들이 ―
지팡이를 들고 ― 한가로이 걷는 신사들이 ―
인형을 든 ― 꼬마 소녀들이 ―

창백한 풍경을 물들일 것이다 ―
환한 꽃다발인 양 ―
파로스섬 대리석 속 깊숙이 표류하지만 ―
오늘도 ― 그 마을이 있으니 ―

여러 해를 고개 숙여온 ― 라일락은 ―
보랏빛 보따리에 휘청댈 것이다 ―
이들의 선조들이 흥얼대던 ― 그 음조를 ―
벌들은 ― 경멸하지 않을 것이다 ―

들장미는 ― 습지에서 붉어 가고 ―
언덕 위 ― 애스터는
그녀의 영구한 패션을 ― 차려입고 ―
언약의 용담은 ― 프릴을 나풀대다 ―

그렇게 여름은 그녀의 기적을 여민다 ―
여자들이 ― 코트를 ― 여미듯 ―
아니 사제들이 ― 표상의 위치를 바로잡고 ―
성례를 ― 마무리하듯 ―

Morning — is the place for Dew —

Corn — is made at Noon —

After dinner light — for flowers —

Dukes — for setting sun!

아침은 — 이슬의 자리 —
옥수수는 — 정오에 다 익었다 —
꽃들을 위한 — 저녁 불빛 이후 —
저무는 해를 위한 — 공작님들!♦

♦ 체리 종류 가운데 듀크체리duke cherry가 있다.

If the foolish, call them "flowers" —
Need the wiser, tell?
If the Savants "Classify" them
It is just as well!

Those who read the "Revelations"
Must not criticize
Those who read the same Edition —
With beclouded Eyes!

Could we stand with that Old "Moses" —
"Canaan" denied —
Scan like him, the stately landscape
On the other side —

Doubtless, we should deem superfluous
Many Sciences,
Not pursued by learned Angels
In scholastic skies!

Low amid that glad Belles lettres
Grant that we may stand,
Stars, amid profound Galaxies —
At that grand "Right hand"!

어리석은 이들이 이것을 "꽃"이라 부른다면 —
보다 현명한 이들이 알려줘야 할까?
유식한 이들의 "분류"라 해도
그 역시 마찬가지!

"계시록"을 읽은 이라면
흐려진 눈으로
같은 판본을 읽은 이들을 —
비판하지 말라!

"가나안"을 거부당한 —
나이든 "모세"의 곁에 설 수 있을까 —
저 장엄한 풍경을 —
다른 쪽에서 그처럼 훑어보라

분명 지나치다 싶게
많은 학문을
추구하지 않는 배운 천사들의
학구적인 하늘!

저 반가운 미문美文의 편지가 나직이
인정해주니 우리는 있어도 된다
별들은 심오한 은하계 한복판 —
저 위대한 "옳은 쪽"에 빛났다!

Pigmy seraphs — gone astray —

Velvet people from Vevay —

Balles from some lost summer day —

Bees exclusive Coterie —

Paris could not lay the fold

Belted down with Emerald —

Venice could not show a check

Of a tint so lustrous meek —

Never such an Ambuscade

As of briar and leaf displayed

For my little damask maid —

I had rather wear her grace

Than an Earl's distinguished face —

I had rather dwell like her

Than be "Duke of Exeter" —

Royalty enough for me

To subdue the Bumblebee.

피그미 천사들이 ― 길을 잃었다 ―
비베♦에서 온 벨벳 민족 ―
어느 잃어버린 여름날에서 온 예쁜 아가씨들 ―
벌들이 독점한 사교계 ―
주름은 잘 잡지 못했지만
에메랄드로 벨트를 두른 파리 ―
그렇게 온화하지만 빛나는
뺨을 보일 수 없던 베니스 ―
나의 작은 다마스크 아가씨를 위해
펼쳐놓은 찔레와 이파리 같은
그런 매복은 결코 없으니 ―
백작의 수려한 얼굴보다는
차라리 그녀의 우아함을 입으리라 ―
엑스터 공작보다는
차라리 그녀처럼 살리라 ―
나도 충분히 왕족이니
호박벌을 무릎 꿇릴 수 있어

♦ 비베 Vevay는 스위스의 마을이다.

Over the fence —

Strawberries — grow —

Over the fence —

I could climb — if I tried, I know —

Berries are nice!

But — if I stained my Apron —

God would certainly scold!

Oh, dear, — I guess if He were a Boy —

He'd — climb — if He could!

울타리 너머 —
딸기가 — 자란다 —
울타리 너머 —
나도 안다, 하려고만 들면 — 넘을 수도 있다 —
딸기는 좋으니까!

하지만 — 앞치마를 더럽히기라도 하면 —
신께서 분명 꾸짖으시겠지!
오, 친구야 — 그가 사내아이라고 상상해봤어 —
그도 — 할 수만 있다면 — 담을 넘었을 거야!

Summer laid her simple Hat
On it's boundless Shelf —
Unobserved — a Ribin slipt,
Snatch it for yourself.

Summer laid her supple Glove
In it's sylvan Drawer —
Wheresoe'er, or was she —
The demand of Awe?

여름은 그녀의 소박한 모자를
그것의 가없는 선반에 올려놓았지 —
남모르게 — 리본 하나 떨어뜨렸는데
네가 직접 낚아

여름이 그녀의 보드라운 장갑을
그것의 숲속 서랍 속에 넣어두었지 —
그녀가 어디 있었든 —
경이의 사건?

Further in Summer than the Birds —
Pathetic from the Grass —
A minor Nation celebrates
It's unobtrusive Mass —

No Ordinance be seen —
So gradual the Grace
A pensive Custom it becomes
Enlarging Loneliness

Antiquest felt at Noon —
When August burning low
Arise this spectral Canticle
Repose to typify

Remit as yet no Grace —
No Furrow on the Glow
Yet a Druidic Difference
Enhances Nature now —

여름이면 저 측은한
새들보다 풀밭에서 더 멀리 ―
어느 하찮은 나라가 기념하는
남의 눈에 띄지 않는 미사 ―

어떤 선포의 의식도 안 보이니 ―
이렇게 조금씩 커지는 은총
상념의 관습
점점 고독은 확장된다

정오에는 아주 고풍스런 느낌 ―
팔월이 나직이 타오를 때
이 분광하는 찬양 드높이자
예표의 휴식

아직 어떤 은총도 ―
어떤 고랑도 빛을 발하지 못하지만
그럼에도 어떤 드루이드적 차이로
지금 자연이 나아졌다 ―

I know a place where Summer strives
With such a practised Frost —
She — each year — leads her Daisies back —
Recording briefly — "Lost" —

But when the South Wind stirs the Pools
And struggles in the lanes —
Her Heart misgives Her, for Her Vow —
And she pours soft Refrains

Into the lap of Adamant —
And spices — and the Dew —
That stiffens quietly to Quartz —
Opon her Amber Shoe —

내가 아는 한 장소에서 여름이 애쓰며
이렇게 노련한 서리를 맞고 있다 —
그녀가 — 해마다 — 그녀의 데이지를 데리고 돌아가며 —
간략히 기록한 말 — "분실" —

하지만 남풍이 연못을 휘젓고
좁은 골목 안에서 안간힘 쓰고 있을 때 —
그녀의 마음이 그녀의 맹세를 걸고 그녀를 걱정한다 —
그리고 그녀는 부드러운 후렴구를

견고한 산골짜기에 쏟아붓는다 —
향기와 — 이슬이 —
고요히 딱딱해져 석영이 되어 —
그녀의 호박빛 신발 위에 내려앉는다 —

One of the ones that Midas touched

Who failed to touch us all

우리 모두에게 닿으면 안되는 미다스가 만진 것들 중 하나

Some Rainbow — coming from the Fair!
Some Vision of the World Cashmere —
I confidently see!
Or else a Peacock's purple Train
Feather by feather — on the plain
Fritters itself away!

The dreamy Butterflies bestir!
Lethargic pools resume the whirr
Of last year's sundered tune!
From some old Fortress on the sun
Baronial Bees — march — one by one —
In murmuring platoon!

The Robins stand as thick today
As flakes of snow stood yesterday —
On fence — and Roof — and Twig!
The Orchis binds her feather on
For her old lover — Don the sun!
Revisiting the Bog!

박람회에서 온 ― 어떤 무지개인가!
세계적인 캐시미어인가 ―
분명 나는 보리라!
아니면 깃털을 나란히 하고 ― 평원을
배회하다 사라지는
공작새의 보라색 꽁지인가!

꿈꾸던 나비들이 분발하고
기운 못 차리던 연못들이 일렁이며
작년에 끊어버린 곡조를 다시 읊는다!
태양 위 어느 요새에서 온
남작 벌들이 ― 나란히 ― 행진하니 ―
웅웅대며 모여든 소대!

어제 쌓였던 눈송이들처럼
오늘 빼곡이 무리 지은 로빈들 ―
울타리 ― 지붕 ― 그리고 잔가지에도!
난초들이 자신의 깃털을 오므리는 것은
옛 연인을 위함이지 ― 태양을 걸쳐라!
습지를 다시 방문하리라!

Without Commander! Countless! Still!
The Regiments of Wood and Hill
In bright detachment stand!
Behold, Whose multitudes are these?
The children of whose turbaned seas —
Or what Circassian Land?

사령관 없다! 무수히 많다! 정지!
숲과 언덕의 군대가
찬연하고 초연하구나!
보라, 이들은 누구의 무리인가?
터번을 쓴 어느 대양의 자녀들인가 —
아니면 어느 체르케스♦ 땅의 자녀들인가?

♦ 체르케스인Circaccians은 러시아 북캅카스 지역에 살던 민족으로 1817년과 1864년 사이 러시아 제국이 이 지역을 정복하면서 소수민족으로 남았고, 터키, 요르단, 시리아, 이라크, 이란, 세르비아, 이집트, 팔레스타인 등에 흩어져 살고 있나.

Out of sight? What of that?
See the Bird — reach it!
Curve by Curve — Sweep by Sweep —
Round the Steep Air —
Danger! What is that to Her?
Better 'tis to fail — there — Than debate — here —

Blue is Blue — the World through —
Amber — Amber — Dew — Dew —
Seek — Friend — and see —
Heaven is shy of Earth — that's all —
Bashful Heaven — thy Lovers small —
Hide — too — from thee —

시야에서 사라졌어? 그게 뭘까?
저 새를 봐봐 — 뻗어봐!
휙 휙 — 쭉 쭉 —
가파른 공중을 회전한다 —
위험! 그녀에게 저것은 뭘까?
거기서 — 떨어져야지 — 여기서 — 논쟁하면 안된다 —

푸름은 푸르게 — 세상을 헤쳐간다 —
노랑은 — 노랗게 — 이슬은 이슬로 —
친구를 찾아다니다 — 만난다 —
천국은 땅에 낯을 가려 — 그게 전부 —
수줍은 천국 — 그대의 작은 연인들 —
그대로부터도 — 역시 — 숨는다 —

After all
Birds have
been investigated
and laid aside —
Nature imparts
the little Blue —
Bird — assured
Her conscientious
Voice will
soar unmoved
Above ostensible
Vicissitude.

First at the
March — competing
with the Wind —
Her panting
note exalts
us — like a
friend —
Last to adhere
when Summer
cleaves away —
Elegy of
Integrity.

모든 새들을
조사하여
제쳐두고
자연이
이 작고 푸른 —
새에게 — 자신 있게
알려주니
그녀의 양심적인
목소리는
미동도 없이 솟아올라
흥망성쇠의 허울을
뛰어넘는다

처음
행진할 때 — 바람과
다투며 —
숨을 헐떡이는
그녀의 곡조는
우리를 기쁘게 한다 — 마치
친구처럼 —
곁에 있는데
여름이
균열을 내고 만다 —
완벽한
비가

A Pang is more

conspicuous in Spring

In contrast with the

things that sing

Not Birds entirely — but

Minds —

And Winds — Minute Effulgences

When what they sung

for is undone

Who cares about

a Blue Bird's Tune —

Why, Resurrection

had to wait

Till they had moved

a Stone —

봄에 유독 심한
통증이 있다
노래하는 것들과는
판이하다
새라 하기에는 ― 그렇고
정신이고 ―
바람이고 ― 미묘하게 눈부신 광채다

이들을 노래한
의도대로 듣지 않는데
푸른 새의 곡조가
무슨 상관인가 ―
아, 이들이 돌을
치울 때까지
부활을
기다려야 했구나 ―

We like March — his

Shoes are Purple.

He is new and high —

Makes he Mud for

Dog and Peddler —

Makes he Forests Dry —

Knows the Adders Tongue

his coming

And begets her spot —

Stands the Sun so

close and mighty —

That our Minds are

hot.

News is he of all

the others —

Bold it were to die

With the Blue Birds

buccaneering

On his British sky —

우리는 삼월이 좋다 — 그는
보라색 신을 신는다
그는 새롭고 드높다 —
그는 개와 행상에게
진흙을 만들어 준다 —
그는 숲을 건조하게 한다 —
살무사 혀를♦ 알고 있다
그가 오면
그녀의 자리가 생기고 —
태양은 그렇게
가깝고 힘차게 떠 있어 —
우리의 마음이 이토록
뜨겁다
그 누구보다도 그의
소식이라 —
푸른 새들이
그의 대영제국 하늘에서
해적질하다
대담히 죽을 것이다 —

♦ 살무사 혀 adder's tongue는 백합과에 속하는 얼레지를 가리킨다.

When I hoped, I recollect

Just the place I stood —

At a Window facing West —

Roughest Air — was good —

Not a Sleet could bite me —

No November cool Not a frost could cool —

Hope it was that kept me warm —

Not Merino shawl —

When I feared — I recollect

Just the Day it was —

Worlds were swimming in the Sun — [1]

Yet how Nature froze —

Icicles opon my soul

Prickled Blue and cool —

Bird went praising everywhere —

Only Me — was still —

기억해보니, 내게 희망이 있었을 때
내가 서 있던 바로 그곳 ─
서쪽을 바라보는 창가에서 ─
험악하기 이를 데 없는 바람조차 ─ 좋았다 ─

진눈깨비 하나 나를 에지 못했다 ─
서늘한 십일월도 서리 하나 서늘하게 하지 못했다 ─
나를 따뜻이 지켜준 건 메리노 울 숄이 아니라 ─
바로 희망이었다 ─

기억해보니 ─ 내가 두려움에 떨던
바로 그날이었다 ─
세상은 햇살을 가르며 헤엄쳤지만 ─
자연은 그렇게 얼어붙었다 ─

내 영혼에 맺힌 고드름은
차갑고 푸르게 뾰족해져갔다 ─
새는 어딜 가든 찬양했지만 ─
오직 나는 ─ 가만히 있었다 ─

And the Day that I despaired —

This — if I forget

Nature will — that it be Night

When the Sun is set — [2]

Dark shall overtake the Hill — [3]

Overtake the sky. And put out her eye —

Nature hesitate — before

Memory and I —

---

[1] Worlds were lying out to Sun —
[2] After Sun has set —
[3] Darkness intersect her face —

내가 자포자기했던 그날 —
이날을 — 만일 내가 잊는다면
당연히 — 밤일 텐데
해 저물어 —
어둠이 언덕을 차지하고 —
하늘을 차지한다. 그리고 눈을 흘기며 —
추억과 내 앞에서 —
자연은 주저하리라 —

One of the ones that Midas touched
Who failed to touch us all
Was that confiding Prodigal
The reeling Oriole —

So drunk he disavows it
With badinage divine —
So dazzling we mistake him
For an alighting Mine —

A Pleader — a Dissembler —
An Epicure — a Thief —
Betimes an Oratorio —
An Ecstasy in chief —

The Jesuit of Orchards
He cheats as he enchants
Of an entire Attar
For his decamping wants —

The splendor of a Burmah
The Meteor of Birds,
Departing like a Pageant
Of Ballads and of Bards —

우리 모두에게 닿으면 안되는
미다스가 만진 것들 중
남을 잘 믿던 저 탕자
비틀대는 꾀꼬리가 있었지 —

그렇게 취했는데도 그는 안 취했다니
신성모독이다 —
그렇게 찬란하니 우리는 그가
빛나는 광산인 줄 알았다 —

항변자 — 위선자 —
미식가 — 도둑 —
때마침 오라토리오 —
최고의 황홀경 —

과수원의 예수회 수도승들
은밀한 도주를 위해
향유를 몽땅 마법에
걸어 속인다 —

버마의 광휘
새의 유성
발라드와 음유시인의
야외무대처럼 시삭하여 —

I never thought that Jason sought
For any Golden
Fleece But then I am a rural Man
With thoughts that make for

Peace — But if there were a Jason,
Tradition bear with me
Behold his lost Aggrandizement
Opon the Apple Tree —

이아손이 황금 양털을 찾으리라고는
전혀 생각 못 했지
나는 평화를 생각하는
시골 사내니까

하지만 이아손이 있다 해도
전통은 내 편이다
그가 잃어버린 사과나무의
권력을 보라 —

Dust is the only Secret.
Death, the only One
You cannot find out all about
In his "native town."

Nobody knew "his Father" —
Never was a Boy —
Had'nt any playmates,
Or "Early history" —

Industrious! Laconic!
Punctual! Sedate!
Bold as a Brigand!
Stiller than a Fleet!

Builds, like a Bird, too!
Christ robs the Nest —
Robin after Robin
Smuggled to Rest!

티끌이 유일한 비밀이다
죽음, 그 유일한 것
그의 "출신지"에서
그 모두에 대해 알아낼 수 없다

"그의 아버지"를 아무도 모른다 —
소년은 결코 아니었다 —
놀이 친구도 없었고
"초기 역사"도 —

부지런히! 간결하게!
제시간에! 침착하게!
산적처럼 대담하게!
함대보다 조용하게!

또한, 새처럼, 짓는다!
그리스도가 빼앗은 둥지에 —
로빈이 줄지어
몰래 들어가 깃든다!

Bees are Black —

with Gilt

Surcingles —

Buccaneers of

Buzz —

Ride abroad

in ostentation

And subsist

on Fuzz —

Fuzz ordained —

not Fuzz

contingent —

Marrows of

the Hill.

Jugs — a

Universe's fracture

Could not

jar or spill.

벌들은 까맣고 —
도금한
띠를 둘렀다 —
붕붕대는
산적들은
뽐내며
사방팔방 다니다가
솜털 위에서
지낸다 —

솜털이 서품 받았으니 —
우연한
솜털이 아니다 —
언덕의 정수들
술병들 — 한
우주의 파열은
담을 수도 흘릴 수도
없다

Will there really be a "morning"?
Is there such a thing as "Day"?
Could I see it from the mountains
If I were as tall as they?

Has it feet like Water lilies?
Has it feathers like a Bird?
Is it brought from famous countries
Of which I have never heard?

Oh some Scholar! Oh some Sailor!
Oh some Wise Man from the skies!
Please to tell a little Pilgrim
Where the place called "morning" lies!

정말 "아침"은 올까?
"낮" 같은 게 있을까?
내 키가 산만하면
산에서는 볼 수 있을까?

수련 같은 발이 있을까?
새 같은 깃털이 있을까?
나는 전혀 들어본 적 없는
유명한 나라에서 가져온 걸까?

오 어떤 학자! 오 어떤 선원!
오 하늘에서 내려온 어떤 현자!
작은 순례자에게 꼭 알려주세요
"아침"이라 불리는 장소는 어디인가요!

The Purple Democrat

그 보다 새

민주주의자

The Mushroom is the Elf of Plants —
At Evening it is not —
At Morning in a Truffled Hut
It stop opon a Spot

As if it tarried always
And yet it's whole Career
Is shorter than a Snake's Delay
And fleeter than a Tare —

'Tis Vegetation's Juggler —
The Germ of Alibi —
Doth like a Bubble antedate
And like a Bubble hie —

I feel as if the Grass was pleased
To have it intermit ——
This surreptitious scion
Of Summer's circumspect.

Had Nature any Plated Face
Or could she one contemn —
Had Nature an "Iscariot" —
That Mushroom it is him.

버섯은 식물들의 요정 —
저녁에는 아니지만 —
아침이면 송로버섯 오두막 안에서
늘 지체했던 것처럼

한 지점에 멈춰있다
그럼에도 그것의 생애는 다 합쳐도
느릿한 뱀보다 짧고
살갈퀴♦보다 재빨랐다 —

이것은 초목의 요술쟁이 —
알리바이의 기쁨 —
거품처럼 먼저 일어나
거품처럼 서둘러 나간다 —

풀들은 잠시 멈추게 되어
즐거운 눈치다 —
신중한 여름의
이 은밀한 접지

자연에게 어떤 길들여진 얼굴이 있다면 —
혹은 그녀가 누군가를 경멸하게 된다면 —
자연에게 변절자가 생긴다면 —
버섯 — 바로 그이지

♦ 살갈퀴tare는 쥐보리 혹은 독보리라고도 하며 개역개정판
　성경(마태복음 13:36-43)에는 악이 뿌리는 가라지로 번역되어 있다.

A Lady red — amid the Hill
Her annual secret keeps!
A Lady white, within the Field
In placid Lily sleeps!

The tidy Breezes, with their Brooms —
Sweep vale — and hill — and tree!
Prithee, my pretty Housewives!
Who may expected be?

The neighbors do not yet suspect!
The woods exchange a smile!
Orchard, and Buttercup, and Bird —
In such a little while!

And yet, how still the Landscape stands!
How nonchalant the Hedge!
As if the "Resurrection"
Were nothing very strange!

붉은 여인 — 언덕 한복판에서
일 년의 비밀을 간직해요!
흰 여인, 들판에 핀
수수한 백합 속에서 잠들어요!

산뜻한 미풍, 빗자루를 들고 —
골짜기를 — 언덕을 — 그리고 나무를 쓸고 가요!
부디, 나의 어여쁜 아주머니들!
누구를 기대해야 할까요?

이웃들은 아직 의심하지 않아요!
나무들이 미소를 교환하네요!
과수원과, 버터컵과, 새 —
그렇게 잠깐 사이에!

그런데도, 풍경은 저리 고요하군요!
산울타리도 정말 태연하네요!
마치 "부활"이
그리 이상하지 않은 것처럼요!

There is a flower that Bees prefer —
And Butterflies — desire —
To gain the Purple Democrat
The Humming Bird — aspire —

And Whatsoever Insect pass —
A Honey bear away
Proportioned to his several dearth
And her — capacity —

Her face be rounder than the Moon
And ruddier than the Gown
Of Orchis in the Pasture —
Or Rhododendron — worn —

She doth not wait for June —
Before the World be Green —
Her sturdy little Countenance
Against the Wind — be seen —

Contending with the Grass —
Near Kinsman to Herself —
For privilege of Sod and Sun —
Sweet Litigants for Life —

벌들이 더 좋아하는 꽃이 하나 있어 —
나비들도 — 원해 —
그 보라색 민주주의자를 얻으려 해
벌새도 — 열망해 —

그리고 지나가는 그 어떤 곤충이든 —
품고 떠나는 꿀에
비례하는 그의 몇 가지 궁핍과
그녀의 — 역량 —

그녀의 얼굴은 달보다 동그랗고
초원의 난초나 —
진달래 무리가 — 입은 —
드레스보다 더 붉어

세상이 초록이 되기 전 —
그녀는 유월을 기다리지 않는다 —
바람을 맞으며 — 보이는 —
그녀의 작고 단단한 용모

그녀 자신에게는 가까운 혈족 —
떼와 해의 특권을 위해 —
풀과 다투고 있다 —
일생을 건 달콤한 소송 당사자들 —

And when the Hills be full —
And newer fashions blow —
Doth not retract a single spice
For pang of jealousy —

Her Public — be the Noon —
Her Providence — the Sun —
Her Progress — by the Bee — proclaimed —
In sovreign — Swerveless Tune —

The Bravest — of the Host —
Surrendering — the last —
Nor even of Defeat — aware —
When cancelled by the Frost —

그리고 언덕은 가득 차고 —
새로운 패션이 불어오면 —
질투에 사로잡혀
단 하나의 향기도 입안에 넣지 않는다 —

그녀의 대중은 — 정오이리라 —
그녀의 섭리는 — 태양이리라 —
그녀의 행보는 — 벌이 — 선포하리라 —
주권자가 되어 — 어긋남 없는 곡조를 —

무리 가운데 — 가장 용감한 자 —
최후의 일인까지 — 굴복시키며 —
어떤 패배도 — 알지 못하다 —
서리 내리면 취소하겠지

Glowing is her Bonnet —
Glowing is her Cheek —
Glowing is her Kirtle —
Yet she cannot speak!
Better as the Daisy
From the summer hill
Vanish unrecorded
Save by tearful rill —
Save by loving sunrise
Looking for her face.
Save by feet unnumbered
Pausing at the place.

붉게 타오르는 그녀의 모자 —
붉게 타오르는 그녀의 뺨 —
붉게 타오르는 그녀의 치마 —
아직 그녀는 말할 수 없다!
여름 언덕에 핀
데이지가 기록 없이
사라지니 더 잘 되었다
시내가 흘리는 눈물이 아니었다면 —
그녀의 얼굴을 찾고 있는
사랑스러운 일출이 아니었다면
그곳에 잠시 멈춘
군번 없는 발이 아니었다면

The Wind did'nt come from the Orchard — today —
Further than that —
Nor stop to play with the Hay — Nor threaten a Hat —
He's a transitive fellow — very — Rely on that —

If He leave a Bur at the door
We know He has climbed a Fir —
But the Fir is Where — Declare —
Were you ever there?

If He bring Odors of Clovers —
And that is His business — not Our's —
Then He has been with the Mowers —
Whetting away the Hours To sweet pauses of Hay —

His Way — of a June Day —
If He fling Sand, and Pebble —
Little BoysBoy's Hats — and stubble —
With an occasional steeple —

And a hoarse "Get out of the Way, I say",
Who'd be the fool to stay?
Would you — Say —
Would you be the fool to stay?

바람은 과수원에서 불어오지 않았다 ― 오늘은 ―
그보다 더 멀리 ―
건초에서 놀겠다고 ― 모자를 위협하지 않고 ―
그녀석은 그렇게 지나갔다 ― 아주 ― 그로 인해 ―

만일 그가 문 앞에 가시방울 하나 놓는다면
우리는 그가 전나무에 올랐음을 안다 ―
하지만 전나무는 어디 있나 ― 말하라 ―
그대 거기 있었는가?

만일 그가 클로버 향을 가져온다면 ―
그러면 그것은 그의 일이지 ― 우리의 일은 아니다 ―
그때 그는 풀 베는 이들과 함께 있었고 ―
시간의 날을 벼려내어 건초의 포근한 휴식에 이른다 ―

유월 어느 날 ― 그의 길 ―
만일 그가 모래를, 그리고 자갈을 뿌린다면 ―
작은 소년의 모자 ― 그리고 짧게 깎은 머리 ―
이따금 보이는 뾰족탑 ―

그리고 쉰 목소리 "길을 비켜라"
머물 바보가 있겠는가?
그대가 ― 말하겠는가 ―
그대는 바보처럼 머물고 싶은가?

The Grass so little has to do,
A Sphere of simple Green —
With only Butterflies, to brood,
And Bees, to entertain —

And stir all day to pretty tunes
The Breezes fetch along,
And hold the Sunshine, in it's lap
And bow to everything,

And thread the Dews, all night, like Pearl,
And make itself so fine
A Duchess, were too common
For such a noticing,

And even when it die, to pass
In odors so divine —
As lowly spices, laid asleep — ♦
Or Spikenards perishing. Amulets of Pine —

And then to dwell in Sovreign Barns,
And dream the Days away,
The Grass so little has to do,
I wish I were a Hay —

♦ laid gone to sleep

풀은 할 일이 거의 없다 —
단일한 초록의 영역 —
오직 나비만 품고,
벌들을 즐겁게 해주며

온종일을 잘 저어 예쁜 선율을 짓고 —
미풍이 따라오고,
햇살을 잡아, 자기 무릎에 감싸고
모든 것들에 절하고,

진주처럼, 밤새 이슬을 꿰어,
그 자체로도 아주 영롱한
공작부인이 되지만, 그렇게 눈에 띄기에는
너무 흔했고,

죽을 때조차,
담백한 향신료 혹은 —
시들어가는 감송 같은 —
아주 신성한 향기에 싸여 잠들어 버렸고 —

그 다음에는 주권자의 헛간에 거주하는,
꿈을 꾸며 하루를 마칠,
풀은 할 일이 거의 없으니,
나도 건초라면 좋겠다 —

A Drop fell on the Apple Tree —
Another — on the Roof —
A Half a Dozen kissed the Eaves —
And made the Gables laugh —

A few went out to help the Brook
Who That went to help the Sea —
Myself Conjectured were they Pearls —
What Necklaces could be —

The Dust replaced, in Hoisted Roads —
The Birds jocoser sung —
The Sunshine threw his Hat away —
The Orchards — Bushes — spangles flung —

The Breezes brought dejected Lutes —
And bathed them in the Glee —
Then Orient showed a single Flag,
And signed the Fete away —

Two Butterflies went Out at Noon —
And waltzed upon a Farm —
Then stepped straight through the Firmament
And rested, on a Beam —

사과나무 위로 한 방울 떨어졌다 ㅡ
지붕 위로 ㅡ 또 한 방울 ㅡ
처마에 입맞춘 여섯 방울에 ㅡ
박공들이 활짝 웃었다 ㅡ

밖으로 나간 몇 방울 도움받은 시내는
바다로 나가 도움을 주었으니 ㅡ
진주였구나 ㅡ
목걸이였겠구나 했다 ㅡ

바퀴들이 지나간 길에는 먼지가 대신 내려앉고 ㅡ
새들이 농담 삼아 노래했다 ㅡ
햇살이 모자를 멀리 던지니 ㅡ
과수원 ㅡ 덤불이 ㅡ 반짝이며 흔들린다 ㅡ

산들바람은 풀죽은 류트를 가져와 ㅡ
들뜬 기쁨으로 목욕시켰다 ㅡ
동양이 단일 깃발을 꺼내며
이 축제에 서명을 해버린다 ㅡ

정오에는 나비 두 마리 나타나 ㅡ
왈츠를 추며 농장 위를 맴돌더니 ㅡ
곧장 걸음을 옮겨 창공을 헤치다
어느 대들보 위에 깃들었다 ㅡ

And then — together bore away

Upon a shining Sea —

Though never yet, in any Port —

Their coming, mentioned — be —

If spoken by the distant Bird —

If met in Ether Sea

By Frigate, or by Merchantman —

No notice — was — to me —

그리고 ― 함께 멀리 떠나
빛나는 바다 위를 날았다 ―
아직 어떤 항구에도 전혀 간 적 없지만 ―
이들이 오고 있다는 전갈이 ― 있으리라 ―

아득히 먼 새가 말했는지 ―
군함이 혹은 상선이
정령의 바다에서 만났는지 ―
내게는 ― 어떤 통지도 전달되지 ― 않았다 ―

She slept beneath a tree —
Remembered but by me.
I touched her Cradle mute —
She recognized the foot —
Put on her Carmine suit
And see!

그녀가 나무 밑에서 잠들었는데 —
나만 기억하고 있었지
나는 말없이 그녀의 요람을 건드렸고 —
그녀는 그 발을 알아차렸다 —
카민색 정장을 차려입었으니
봐봐!

A Burdock twitched my gown

내 옷자락을 잡아당겼다

하영이

The name — of it — is "Autumn" —
The hue — of it — is Blood —
An Artery — opon the Hill —
A Vein — along the Road —

Great Globules — in the Alleys —
And Oh, the Shower of Stain —
When Winds — upset the Basin —
And spill the Scarlet Rain —

It sprinkles Bonnets — far below —
It gathers ruddy Pools —
Then — eddies like a Rose — away —
Opon Vermillion Wheels —

그것의 — 이름은 — "가을" —
그것의 — 색조는 — 피 —
언덕 위 드러난 — 동맥 —
길 따라 흐르는 — 정맥 —

오솔길의 — 거대한 혈구들 —
그리고 오, 알록달록한 소나기 —
그때 바람이 — 물동이를 뒤엎고 —
진홍의 비를 쏟는다 —

먼 아래로 — 모자들을 흩뿌리고 —
붉게 물든 웅덩이들에 모이다가 —
한 송이 장미처럼 — 소용돌이치고 — 멀어진다 —
주홍 바퀴들을 몰며 —

Summer has two Beginnings —
Beginning once in June —
Beginning in October
Affectingly again —

Without, perhaps, the Riot
But graphicer for Grace —
As finer is a going
Than a remaining Face —
Departing next then — forever —
Forever — until May —
Forever is recurrent deciduous —
Except to those who die —

여름은 두 번 시작한다 —
유월에 한 번 시작하고 —
애잔하게 다시
시월에 시작한다 —

없으면 혹시 폭동이라도 날까봐
은총의 화가가 되었다 —
가는 얼굴이
남은 얼굴보다 더 아름답듯 —
그때 떠나고는 — 영원히 —
오월까지 — 영원히 —
낙엽은 영원히 회귀하지 —
죽어가는 이에게는 예외지만 —

On the Bleakness of my Lot
Bloom I strove to raise —
Late — my Garden of a Rock
Yielded Grape — and Maise —

Soil of Flint, if steady tilled
Will refund the Hand —
Seed of Palm, by Lybian Sun
Fructified in Sand —

내 몫의 황량함에서
내가 키우려 애쓴 꽃송이가 —
내 바위 정원에서 — 뒤늦게
내놓은 포도 — 그리고 옥수수 —

부싯돌 흙은 꾸준히 갈아주기만 하면
그 손에 보답할 것이다 —
종려나무 씨앗은 리비아의 태양 덕분에
사막에서 비옥해진다 —

These are the days when Birds come back —
A very few — a Bird or two,
To take a final look —

These are the days when skies resume
The old — old sophistries of June —
A blue and gold mistake.

Oh fraud that cannot cheat the Bee,
Almost thy plausibility
Induces my belief,

Till ranks of seeds their witness bear,
And swiftly thro' the altered air
Hurries a timid leaf —

Oh Sacrament of summer days!
Oh last Communion in the Haze —
Permit a Child to join —

Thy sacred emblems to partake —
Thy consecrated bread to take —
And thine immortal wine —

지금은 새들이 돌아올 때 ―
한두 마리 될까 ― 얼마 안되는 새들이
결국 나타났다 ―

지금은 하늘이
오랜 ― 유월의 오랜 궤변 ―
파란 황금빛 실수를 다시 시작할 때

오, 벌을 못 속이는 속임수
그대의 그럴듯한 말재주에
속아 넘어갈 뻔했다

그렇게 이랑에 뿌린 씨앗이 자신의 증인을 품고
바뀐 바람 속으로 순식간에
소심한 이파리 하나 재촉하여 보낸다 ―

오, 여름날의 성찬!
오, 안개 싸인 최후의 만찬에 ―
한 아이를 오라 허락한다 ―

그대의 성스런 상징을 함께 나눈다 ―
그대의 신성한 빵을 먹는다 ―
그대의 불멸의 와인도 ―

Besides the Autumn poets sing
A few prosaic days
A little this side of the snow
And that side of the Haze —

A few incisive mornings —
A few Ascetic eves —
Gone — Mr Bryant's "Golden Rod" —
And Mr Thomson's "sheaves."

Still, is the bustle in the Brook —
Sealed are the spicy valves —
Mesmeric fingers softly touch
The eyes of many Elves —

Perhaps a squirrel may remain —
My sentiments to share —
Grant me, Oh Lord, a sunny mind —
Thy windy will to bear!

가을이 아니어도 시인들이 노래하는
산문스러운 몇몇 날들
이쪽으로 눈도 조금 내리고
저쪽으로는 아지랑이 —

가시 돋친 몇몇 아침들 —
수도승의 몇몇 저녁들 —
다 가버린 — 브라이언트 씨의 "황금 지팡이"와 —
톰슨 씨의 "묶음들"

여전히 시냇물은 부산스럽고 —
향신료 뿌린 꽃밥은 잠겼고 —
최면 거는 손가락이 살며시
여러 요정들의 눈을 만진다 —

어쩌면 다람쥐가 남아 —
나의 감상을 나누니 —
오, 주여, 내게 양지바른 마음을 내려주소서 —
당신의 바람 거센 의지를 견딜 수 있도록!

God made a little Gentian —
It tried — to be a Rose —
And failed — and all the Summer laughed —
But just before the Snows

There rose a Purple Creature —
That ravished all the Hill —
And Summer hid hereher Forehead —
And Mockery — was still —

The Frosts were her condition —
The Tyrian would not come
Until the North — invoke it —
Creator — Shall I — bloom?

신께서 작은 용담을 만드셨지 —
장미가 — 되려 했지만 —
실패했어 — 그래서 온 여름이 웃었어 —
하지만 눈 내리기 직전

자주색 생명체가 올라왔어 —
온 언덕이 황홀해 했지 —
여름은 이마를 숨기고
조롱은 — 잠잠했어 —

그녀의 상태는 서리 —
티리언♦이 올 때쯤이면
북쪽에서는 그에게 빌겠지 —
창조자여 — 내가 — 꽃을 피워도 되겠습니까?

♦ "티리언"은 로마 정복자들의 제복에 사용된 보라색 염료이다.

A Burdock twitched my gown

Not Burdock's blame — but mine

Who went too near the Burdock's Den —

A Bog affronts my shoe.

What else have Bogs to do —

The only art they know

The splashing men?

'Tis Minnows — should despise —

An Elephant's calm eyes

Look further on.

우엉이 내 옷자락을 잡아당겼다
우엉 탓이 아니고 — 내 불찰이다
우엉의 거처에 너무 가까이 갔으니 —

수렁이 내 신발을 욕보인다
수렁이 달리 뭘 하겠는가 —
그들이 아는 유일한 거래인데
첨벙대는 사람들?

피라미가 — 경멸할 거야 —
코끼리의 고요한 눈동자가
더 멀리 지켜본다

We should not mind so small a flower —
Except it quiet bring
Our little garden that we lost
Back to the Lawn again —

So spicy her Carnations nod —
So drunken reel her Bees —
So silver, steal a hundred Flutes
From out a hundred trees —

That whoso sees this little flower
By faith, may clear behold
The Bobolinks around the throne
And Dandelions gold.

저렇게 작은 꽃은 신경쓰지 말자 —
다만 그것이 조용히
우리가 잃어버린 작은 정원을
다시 이 잔디밭으로 데려올 때는 예외다 —

이토록 향긋한 그녀의 카네이션이 끄덕이고 —
이토록 술 취한 그녀의 벌들은 윙윙대고 —
저렇게 영롱한 백 개의 플루트들이
백 그루의 나무에서 밖으로 — 몰래 나오고

이 작은 꽃을 본 이는
저 왕좌 주변 보보링크들과
황금 민들레들을
분명 또렷이 바라보리라

What care the Dead

for Chanticleer

수탉 씨에게 죽음은 무슨 상관일까

What care the Dead, for Chanticleer —
What care the Dead for Day?
'Tis late your Sunrise vex their face —
And Purple Ribaldry — of Morning

Pour as blank on them
As on the Tier of Wall
The Mason builded, yesterday,
And equally as cool —

What care the Dead for Summer?
The Solstice had no Sun
Could melt waste the Snow before their Gate —
And knew One Bird a Tune —

Could penetrate thrill their Mortised Ear
Of all the Birds that be —
This One — beloved of Man — Mankindkind
Henceforward cherished be —

Nor What care the Dead for Winter?
Themselves as easy freeze —
June Noon — as January Night —
As soon the South — her Breeze

수탉 씨에게 죽음은 무슨 상관일까 —
낮에게 죽음은 무슨 상관일까?
당신의 일출에 이들이 얼굴을 찡그리니 늦었다 —
아침의 — 보라색 음담패설

어제 석공이 세운
벽의 층처럼
텅 빈 이들에게 퍼붓는다
그만큼 시원하다 —

여름에게 죽음은 무슨 상관일까
하지에 태양이 없다면
이들의 정문 앞에서 눈이 녹아 낭비됐을 텐데 —
어느 새가 알고 있던 운율 하나도 —

뚫린 귀를 전율이 뚫고 나갈 수 있을 텐데
세상에 존재하는 모든 새들 중에서 —
인류가 사랑했던 — 이 존재가
이제부터는 소중해지리라 —

겨울에게 죽음은 무슨 상관일까?
스스로가 쉬이 얼어붙는데 —
일월의 밤 같은 — 유월의 정오 —
곧 남쪽은 — 그녀의 미풍을

Of Sycamore — or Cinnamon —

Deposit in a Stone

And put a Stone to keep it Warm —

Give Spices — unto Men —

시카모어든 — 시나몬이든 —
돌멩이 속에 두고
돌멩이 하나를 놓아 계속 따듯이 해주고 —
인간에게 — 향신료를 준다 —

As if some little Arctic flower

Opon the polar hem —

Went wandering down the Latitudes

Until it puzzled came

To continents of summer —

To firmaments of sun —

To strange, bright crowds of flowers —

And birds, of foreign tongue!

I say, As if this little flower

To Eden, wandered in —

What then? Why nothing,

Only, your inference

마치 어떤 작은 북극 꽃이
북극 가장자리에서 —
위도를 따라 돌아다니며 내려오다
영문 모르고
여름의 대륙으로 —
태양의 창공으로 —
신기하고 찬란한 꽃무리에게로 —
그리고 낯선 말 하는 새들에게로 왔듯!
음, 마치 이 작은 꽃이
돌아다니다 에덴으로 들어가면 —
그러면 뭐? 왜 아무것도 아니라고?
그냥, 네 짐작일 뿐

Sepulture is O'er

이제, 그만 묻혀 있으라

New feet within my garden go —
New fingers stir the sod —
A Troubadour opon the Elm
Betrays the solitude.

New Children play opon the green —
New Weary sleep below —
And still the pensive Spring returns —
And still the punctual snow!

새로운 발들이 내 정원으로 간다 —
새로운 손가락들이 풀밭 흙을 휘젓는다 —
느릅나무에 앉은 음유시인 한 마리
고독을 배신한다

새로운 아이들이 초록 위에서 놀고 —
새로운 피곤이 그 밑에서 잠들고 —
그리고 여전히 사색의 봄이 돌아온다 —
그리고 여전히 때맞춰 내리는 눈!

I'm the little "Heart's Ease"!
I don't care for pouting skies!
If the Butterfly delay
Can I therefore stay away?

If the Coward Bumble Bee
In his chimney corner stay,
I, must resoluter be!
Who'll apologize for me?

Dear — Old fashioned, little flower!
Eden is old fashioned, too!
Birds are antiquated fellows!
Heaven does not change her blue.

Nor will I, the little Heart's Ease —
Ever be induced to do!

내가 바로 작고 "편한 마음"!
뿌루퉁한 하늘 따위 신경 안 쓰지!
만일 나비가 지체한다면
그래서 내가 멀리 있을 수 있을까?

만일 겁쟁이 꿀벌이
그의 굴뚝 모퉁이에 머물고 있다면
나는 결의를 다지리라!
누가 내게 사과하겠는가?

친애하는 구닥다리 작은 꽃에게!
에덴 역시 구닥다리잖아!
새들도 구식 친구들!
천국은 자신의 푸르름을 바꾸지 않지

나, 작고 편한 마음은 안 그럴 거야 —
절대 그렇게 설득당하지도 않아!

A Light exists in Spring
Not present on the Year
At any other period —
When March is scarcely here

A Color stands abroad
On Solitary Fields
That Science cannot overtake
But Human Nature feels.

It waits opon the Lawn,
It shows the furthest Tree
Opon the furthest Slope you know
It almost speaks to you.

Then as Horizons step
Or Noons report away
Without the Formula of sound
It passes and we stay —

A quality of loss
Affecting our Content
As Trade had suddenly encroached
Opon a Sacrament —

봄에만 존재하는 빛 하나
일 년 중 다른 절기에는 —
나타나지 않아
삼월이 여기 있을락 말락 할 때

색깔 하나 올라와 널리 퍼지는
외로운 들판
과학으로는 따라잡지 못하나
인간 본성은 느낀다

풀밭 위에서 기다리다
저 아득한 나무를 보여주고
당신이 알고 있는 저 아득한 비탈 위에서
당신에게 말을 건다

그리고 지평선의 계단인 듯
혹은 정오가 알려주고 가버린 듯
소리의 공식 없이
그것은 지나가고 우리는 머문다 —

거래가 갑자기 성례를
잠식했듯
상실의 품질이
우리의 내용에 영향을 미치고 있다 —

Whose are the little beds — I asked
Which in the valleys lie?
Some shook their heads, and others smiled —
And no one made reply.

Perhaps they did not hear — I said,
I will inquire again —
Whose are the beds — the tiny beds
So thick opon the plain?

'Tis Daisy, in the shortest —
A little further on —
Nearest the door — to wake the 1st,
Little Leontodon.

'Tis Iris, Sir, and Aster —
Anemone, and Bell —
Bartsia, in the blanket red,
And chubby Daffodil.

Meanwhile — at many cradles
Her busy foot she plied —
Humming the quaintest lullaby
That ever rocked a child.

이 작은 꽃밭은 누구 거야 — 내가 물었다
계곡에는 어떤 꽃들이 있지?
몇몇은 머리를 흔들기도 하고, 더러는 미소짓고 —
하지만 대답한 이는 아무도 없었다

아마도 듣지 못했겠지 — 내가 말했다
나는 다시 질문할 것이다 —
저 꽃밭은 - 평원에 저렇게 빼곡한
저 작은 꽃밭은 누구 거지?

키가 가장 작은 것이 데이지야 —
계속 조금만 더 가면 —
문에서 가장 가까이 있어서 — 일등으로 깨울 수 있는
작은 레온토돈 **1**

그건 아이리스, 애스터 —
아네모네, 종모양 꽃들 —
온통 붉게 덮인 바트시아, **2**
토실토실한 수선화야

그 사이 — 많은 요람에
그녀는 바삐 발을 왔다갔다 하며 —
아가를 달래주던
아주 이상한 자장가를 흥얼거렸다

Hush! Epigea wakens!
The Crocus stirs her lids —
Rhodora's cheek is crimson —
She's dreaming of the woods!

Then turning from them reverent —
Their bedtime 'tis, she said —
The Bumble bees will wake them
When April woods are red.

쉿! 에피가에아가 깰라!
크로커스는 뚜껑을 흔들고 —
로도라의 뺨은 짙붉으니 —
그녀는 숲을 꿈꾸고 있구나!

그리고 이들의 숭배로부터 돌아와 —
잠자리에 들 시간이라고 그녀는 말했다 —
호박벌이 이들을 깨울 즈음
사월 숲은 온통 붉다

---

1 레온토돈Leontodon은 치커리과 식물로 흔히 호크빗hawkbits이라고도 한다.
2 열당과에 속하는 식물

The Dandelion's pallid Tube
Astonishes the Grass —
And Winter instantly becomes
An infinite Alas —
The Tube uplifts a signal Bud
And then a shouting Flower —
The Proclamation of the Suns
That sepulture is o'er —

민들레의 가녀린 대롱에
풀들이 놀라고 —
겨울은 바로
무한의 탄식이 된다 —
대롱은 꽃눈의 신호를 들어올리니
그 다음에는 꽃의 함성 —
태양이 선포하니
이제, 그만 묻혀 있으라 —

끌림의
시오

박혜란

　　디킨슨이 살았던 19세기 낭만주의와 초월주의 시인과 신학자, 철학자들에게 자연은 신학적, 철학적 사유와 창작을 위한 주된 소재이며 주제였다. 의미를 찾으려는 이들에게 자연은 신의 현현이며 해석을 기다리는 이데아의 일부였다. 자연은 해석해야 할 상징이고 이미지였다. 에밀리 디킨슨도 자연에 관한 시를 아주 많이 썼다. 시인의 집 정원과 과수원, 산책로와 저택 앞 가로수, 울타리 너머 초원과 숲, 언덕과 계곡에 핀 꽃과 나무, 새, 벌, 발밑을 지나는 벌레들, 농장의 닭과 가축들, 시인의 일상을 함께했던 모두가 시의 소재이고 주제였다.

자연의 끌림

　　시인은 가족과 지인들에게 자신이 쓴 시와 직접

키운 꽃을 편지에 넣어 보내곤 했다. 친구인 엘리자베스 홀랜드에게 보낸 편지에서 디킨슨은 정원에 핀 꽃들을 "나의 꽃은 가깝고 낯설다"고 했다. 디킨슨에게 자연은 늘 가까이 있으면서도, 문득 낯선 존재다. 때로는 철학자나 종교적 교리가 말한 자연관이 겹치기도 하지만 시는 내가 아는 지식으로 시도하려는 익숙한 해석을 허락하지 않는다. 오히려 관찰과 경험으로 익숙하고 가까이 있는 존재들의 낯섦과 특별함에 끌린 순간을 시에 옮겼다. 시가 수수께끼가 된 순간이다.

> 나는 내가 홀린 줄 알았다
> 암울한 소녀였을 때 처음 ―
> 먼 나라 숙녀 이야기를 읽었다 ―
> 어둠이 ― 아름답다 생각했다 ― (15쪽)

끌림 혹은 매혹은 『나의 꽃은 가깝고 낯설다』에서 생각한 첫 번째 주제다. 시인은 읽고자 하는 욕망과 읽히고자 하는 욕망이 서로 끌고 끌리는 독서의 역학을 잘 알고 있었다. 끌림은 아름다움과 즐거움의 동력이기도 하다. 디킨슨이 끌린 것은 시인이 방금 읽은 조지 엘리엇의 소설, 아니면 엘리자베스 브라우닝의 시였을지도 모른다. 아니면 풍경 어딘가에 숨은 작은 새의 노래였을지도 모른다. 시인은 또한 자연 속 존재들에 끌리고 도취했다.

> 나란 놈은 - 바람의 술꾼 -
> 게다가 이슬의 고주망태 -
> 갈지자 춤추며 - 끝도 없는 여름 한낮 내내 -
> 녹아내린 파란 하늘 주막을 나선다 -

"주인장"이 술 취한 벌을
여우장갑꽃 문전에서 내쫓을 때 –
나비들이 – 마시던 "한 모금"을 포기할 때 –
나는 그냥 더 마셔야지!
『절대 돌아올 수 없는 것들』 44쪽

두 번째 주제는 여름이다. 자연에 관한 많은 시들 가운데, 『나의 꽃은 가깝고 낯설다』는 여름을 한가운데 두고 여름을 기다리는 계절에 시작해 여름의 정원과 과수원, 들판을 누비고 가을과 겨울을 지나 다시 봄이 되어 민들레가 보일 때쯤 끝난다. 봄이 곧 끝나고 꽃들이 사라져 아쉬워하면서도 더 무성하고 더 화려할 꽃과 잎에 대한 기대가 뒤섞였던 그 시간에 매혹되어 있다. 여름의 시인은 새에 솔깃하고 벌과 나비에 경쟁하듯 꽃에 취해 있다.

끌림과 설렘은 아름다움과 시가 관계 맺는 방식이기도 하다. 아름다움은 누구의 것일까? 아름다운 이는 아름다움을 알까? 아름다움을 아는 이는 아름다움을 가질 수 있을까? 날아가지 못하게 꼭 쥐고 있으면 그 아름다움이 내 것이 될까? 헤어지지 않게 꼭 끌어안고 있으면 그게 내 것이 될까? 어쩌면 얼마면 되냐는 질문은 아름다움을 절대 가질 수 없다는 무력한 고백 아닐까? 미다스의 유혹을 떨치고 나는 아름다움 앞에서 그저 좋아라 캥거루처럼 껑충댈 뿐이다.

아름다워 뭐하나 싶지만 아름다움이야말로 우리가 추구하는 모든 의미와 가치들이 존재하는 방식의 다른 이름일지 모른다. 장식적 기교나 금방 사라질 찰나의 광휘나 혹 바스라질까 감히 만지지 못하는 아름다움도 있겠지만, 바로크 예술처럼 미확정의 도발과 돌출로 익숙함에 균열을 가져오고 예측을 불허하며 진실을 포착하는 경이의 순간 역시 미학적 대상이기도 하다.

풍경의 각도

　　　　시인의 시선이 닿은 풍경이 들어온다. 홈스테드라 불렸던 매사추세츠주 애머스트의 저택에서 시인은 태어나 평생을 살았다. 서쪽으로 마차가 지나는 도로는 숲으로 이어졌다. 침실 밖으로 오빠 오스틴 가족이 살았던 에버그린스로 이어진 샛길이 보인다. 저택 뒤편 헛간에서는 소, 닭, 돼지, 말들이 살고, 포도송이가 주렁주렁 달린 격자 울타리를 두른 과수원에는 사과, 배, 체리가 열리는 과일나무들이 자란다. 과수원 너머로는 들꽃 가득한 초원이 펼쳐진다.

　　　　에밀리 디킨슨은 창밖을 응시한다. 동편 잔디밭을 지나는 판석 길을 따라가면 시인의 정원이 있다. 은방울꽃이 피고 나면 작약이, 히아신스와 수선화, 스위트피, 백합, 메리골드 등이 앞서거니 뒤서거니 하며 무리 지어 굽이친다. 바깥의 시인은 온실과 화단과 과수원에서 바쁘다. 시인은 흰옷을 입고 2층 자기만의 방에서 시쓰기에 몰두하며 칩거했던 신비한 여성이기만 한 것은 아니었다. 정원과 부엌은 에밀리 디킨슨의 또 다른 공간이다. 부엌에서 빵을 굽고 정원을 돌보며 사계절의 변화를 가늠하고 사람을 생각하고 세상을 관찰했다.

　　　　흙을 고르고 이랑을 내고 씨뿌리고 싹을 틔우

고, 겨울이면 온실에서 히아신스 같은 알뿌리들을 보살 핀다. 한여름 저녁, 테라스에 동생과 앉은 시인은 땀흘려 가꾼 정원을 바라보고 있다. 과수원에서는 잘 익은 사과가 중력을 못 이기고 떨어진다. 어린 시인은 신발에 진흙을 잔뜩 묻힌 채 들판을 뛰놀다 숲속 탐험에 나선다. 아름드리 나무들보다는 발치의 고사리와 버섯, 우엉, 웅덩이 주변 작은 꽃들, 계곡의 바람에 흔들리는 들꽃들. 초원을 뒤덮은 토끼풀꽃 무리에 끌린다. 시인의 시선에 닿은 어떤 각도의 풍경은 쉽게 설명하지 않은 채 수수께끼가 되고 시간의 겹을 들추고 덮으며 시가 된다.

디킨슨의 시에는 일인칭 주어가 많다. 화자의 관찰과 인식, '나'의 관한 시, 서정시들이다. 때로 '나'가 정말 시인일까 하는 거리가 느껴질 때도 있지만, 그 역시 시 속에 구성된 '나'의 서정시들인 셈이다. 서정시는 자신의 감정과 의식을 노래한다. 시인은 누군가를 애도하고 무엇인가의 아름다움에 감탄하고 역사와 현실에 반응하지만 결국은 슬프고 기쁜, 느끼고 생각하는 '나'의 기록, 서정시이다. 가만히 두 손을 포개 본다. 오른손은 왼손을 왼손은 오른손을 잡는다. 오른손의 경험. 왼손의 감각. 둘은 같은가. '나'의 느낌은 잡은 느낌인가 잡힌 느낌인가. '느낌'은 내가 이미 알고 있던 그 느낌과 같은가. 시는 내가 너무 잘 알고 있는 무엇을 이야기하면서 새로 발견한 느낌을 아는 순간의 기억이고 기록이다. 내 느낌을 아는 일, 내가 알고 있다는 경험의 감각, 그리고 기록이 시가 된다. '나'는 이렇게 '나'를 이야기한다.

그렇게 매혹된 아름다움을 느낀 경험의 기억이 시가 된다. 매혹의 기억은 다시 아름다움이 되어 독자를 끌어들인다.

이 시집에 대한 당신의 기억은 또 어떨까?

시 원문 찾아보기 (알파벳 순)

"sic transit gloria mundi"	18
A Burdock twitched my gown	134
A Drop fell on the Apple Tree	114
A Lady red – amid the Hill	102
A Light exists in Spring	152
A Pang is more conspicuous in Spring	80
After all birds have been investigated	78
As if some little Arctic flower	144
Bees are Black, with Gilt Surcingles	94
Besides the Autumn poets sing	130
Between My Country and the Others	50
Dust is the only Secret	92
Experiment escorts us last	30
Further in Summer than the Birds	66
Glowing is her Bonnet	108
God made a little Gentian	132
He ate and drank the precious Words	26
I hav'nt told my garden yet	12
I know a place where	68
I tend my flowers for thee	40
I think I was enchanted	14
I'm the little "Heart's Ease"!	150
If the foolish, call them "flowers"	58
It will be Summer eventually	54
Meeting by Accident	36
Morning is the place for Dew	56
My Wars are laid away in Books	32
New feet within my garden go	148

On the Bleakness of my Lot	126
One of the ones that Midas touched	88
Out of sight? What of that?	76
Over the fence Strawberries grow	62
Pigmy seraphs gone astray	60
She slept beneath a tree	118
Some Rainbow – coming from the Fair	72
Summer has two Beginnings	124
Summer laid her simple Hat	64
The Angle of a Landscape	48
The Dandelion's pallid Tube Astonishes the Grass	158
The Grass so little has to do	112
The Mushroom is the Elf of Plants	100
The name of it is "Autumn"	122
The Wind did'nt come from the Orchard – today	110
There is a flower that Bees prefer	104
These are the days when Birds come back	128
To see her is a Picture	34
'Twas fighting for his Life he was	28
We like March – his shoes are Purple	82
We should not mind so small a flower	136
What care the Dead, for Chanticleer	140
When Diamonds are a Legend	46
When I hoped, I recollect	84
Whose are the little beds	154
Will there really be a "morning"?	96
Within my Garden, rides a Bird	44

나의 꽃은 가깝고 낯설다

초판 1쇄 2020년 9월 3일 펴냄
2쇄 2021년 3월 12일 펴냄
3쇄 2022년 6월 13일 펴냄

지은이	에밀리 디킨슨
고른이	박혜란
옮긴이	박혜란
편집 교정 교열	김소라
디자인	들토끼들
표지 디자인	김재원
기획	김재원 박혜란
펴낸이	박혜란
펴낸 곳	파시클 출판사
등록	2016년 10월 25일 제 2017—000153호
주소	경기도 고양시 일산동구 탄중로 398, 809동 701호
인쇄	상지사
ISBN	979—11—961257—9—0 03840

beonfascicles@naver.com
https://www.facebook.com/fascicles
https://twitter.com/Fascicles2017
https://www.instagram.com/fascicles_seoul

이 책의 판권은 파시클 출판사에 있습니다.
출판사의 동의 없는 무단 전제 및 복제를 금합니다.